yukismart.com/b/6eda84

bebè

մանուկ

manowk

bambino

տղա

tła

amici

ընկերներ

ənkerner

bambina

աղջիկ

ałjik

sorridere

ժպտալ
žptal

piangere

լացել
lac el

capelli

մազեր

mazer

occhio

աչք

ač k

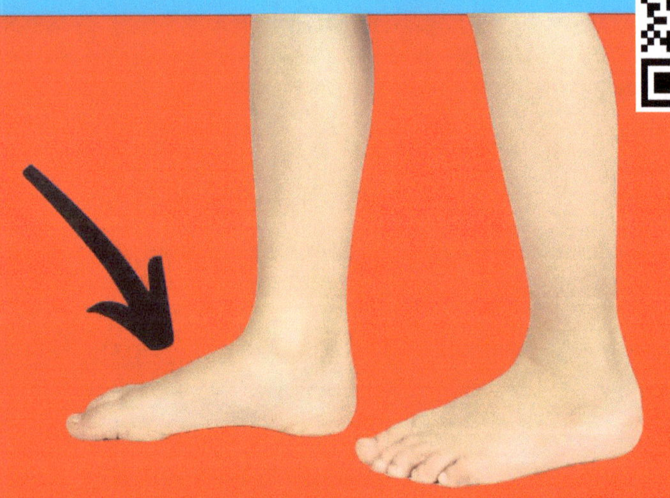

piede

ոտնաթաթ

otk

mano

ձեռք

je k

naso

 քիթ
k it

denti

ատամներ
atamner

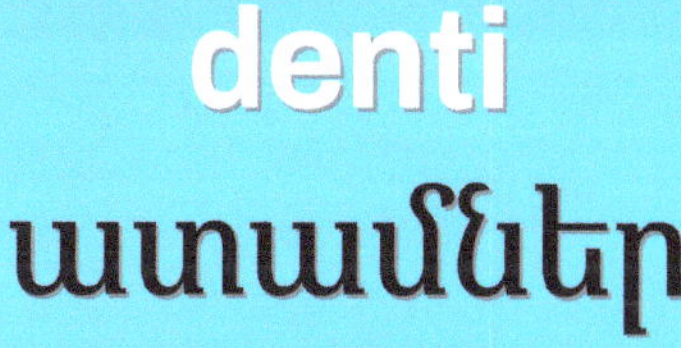

orecchio

ականջ
akanǰ

lingua

լեզու
lezow

sole

արև

arEV

luna

լուսին

lowsin

stella

աստղ

astł

albero

ծառ
ca

uccello

թռչուն
t č own

cappotto

վերարկու
verarkow

pantaloni

տաբատ
tabat

vestito

զգեստ

zgest

scarpe

կոշիկներ

košikner

rosso

կարմիր

karmir

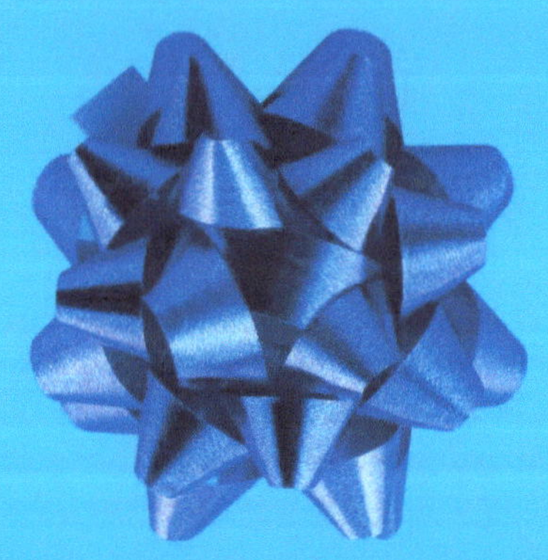

blu

կապույտ

kapowyt

giallo

դեղին

dełin

rosa

վարդագույն

vardagowyn

bianco
սպիտակ
spitak

verde
կանաչ
kanač

nero
սև
sEV

multicolore
բազմագույն
bazmagowyn

arcobaleno

ծիածան

ciacan

mela

խնձոր

xnjor

banana

բանան

banan

pomodoro

լոլիկ

lolik

arancia

նարինջ

narinǰ

carota

զազար

gazar

piselli

ոլոռ

olo

patata

կարտոֆիլ

kartofil

mais

եգիպտացորեն

egiptac oren

limone

լիմոն

limon

uva

խաղող

xałoł

pera

տանձ

tanj

cocomero

ձմերուկ

jmerowk

zucchina

 դդմիկ
ddmik

uovo

ձու
jow

fungo

սունկ
sownk

quadrato

թառակուսի

k a akowsi

cerchio

շրջան

šrǰan

rettangolo

ուղղանկյուն

owłłankyown

triangolo

եռանկյուն

e ankyown

gatto
կատու
katow

cane
շուն
šown

pesce

ᎭᏂᏟ
jowk

mucca

կով

kov

anatra

բադ

bad

pulcino

ճուտ

čowt

gallina

հավ

hav

rana

գորտ

gort

maiale

խոզ

xoz

coniglio

ճագար

čagar

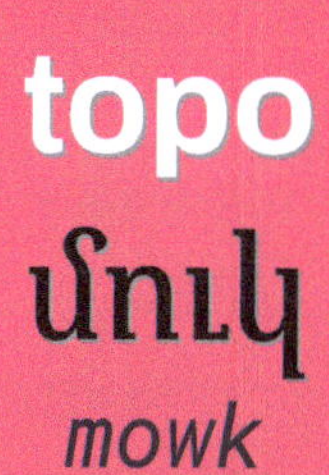

topo

մուկ

mowk

cavallo

ձի

ji

pecora

ոչխար

oč xar

fiore

ծաղիկ

całik

farfalla

թիթեռ

t it e

coccinella

զատիկ

zatik

lumaca

խխունջ

xxownǰ

torta

տորթ
t xvack

pane

հաց

hac

orologio

ժամացույց

žamac owyc

chiave

բանալի

banali

libro

գիրք
girk

palla

գնդակ
gndak

tavolo

սեղան

sełan

piatto

ափսե

ap se

sedia

աթոռ

at o

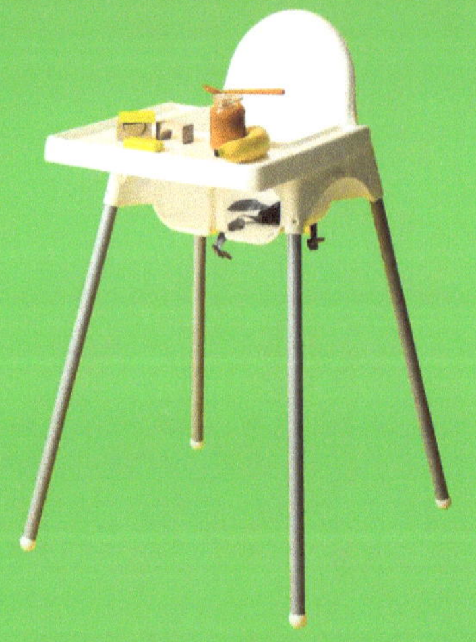

seggiolone

կերակրասեղան

kerakrasełan

forchetta

պատառաքաղ

pata ak ał

coltello

դանակ

danak

cucchiaio

գդալ

gdal

tazza

բաժակ

bažak

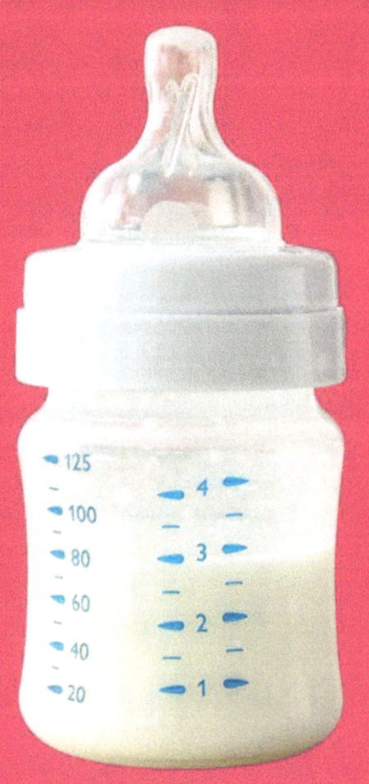

biberon

կերակրման շիշ

kerakrman šiš

bicchiere

բաժակ

bažak

letto

մահճակալ

mahčakal

culla

օրորոց

mankakan ōroroc

orsacchiotto

խաղալիք արջուկ

xałalik arǰowk

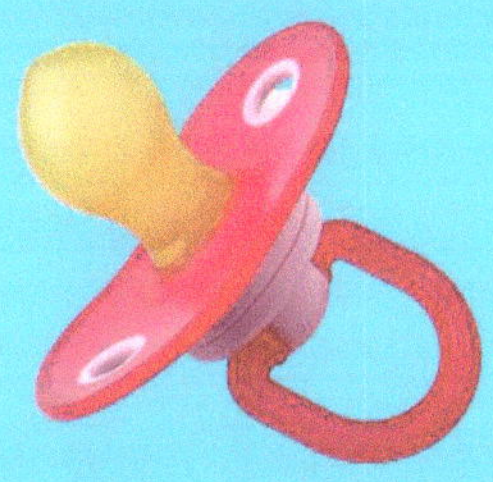

ciuccio

ծծակ

ccak

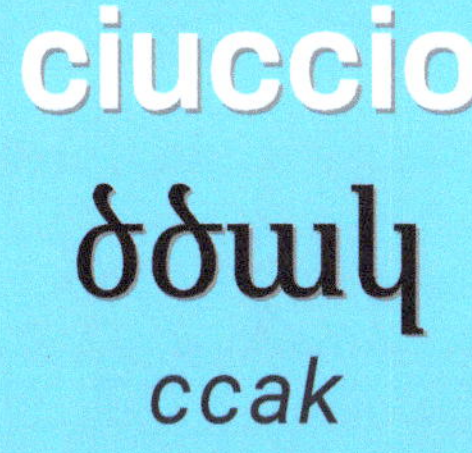

asciugamano

սրբիչ

srbič

lavandino

լվացարան

lvac aran

spazzolino

ատամի խոզանակ

atami xozanak

sapone

oճառ

ōča

gabinetto
զուգարանակոնք
zowgaranakonk

vasino
գիշերանոթ
gišeranot

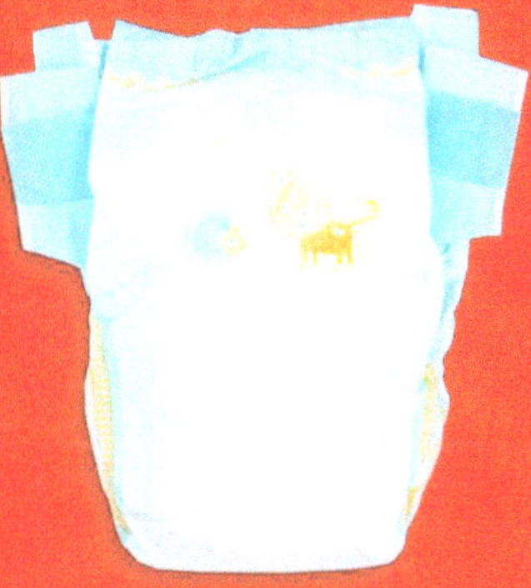

pannolino
տակդիր
takdir

automobile

ավտոմեքենա

avtomek ena

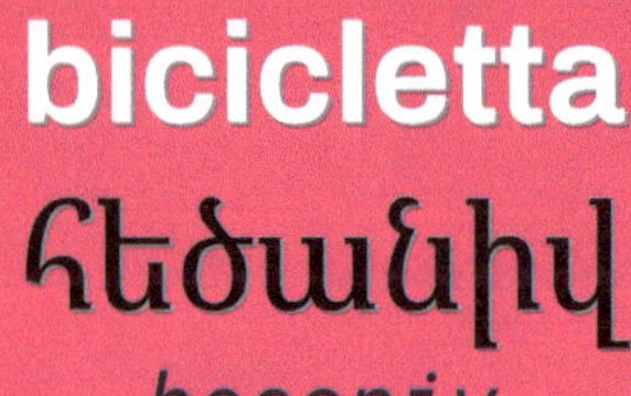

bicicletta

Հեծանիվ

hecaniv

aereo

ինքնաթիռ

ink nat i

barca

նավ

nav

camion dei pompieri

Հրշեջ մեքենա

hršeǰ mek ena

treno

գնացք

gnac k

giocattoli

խաղալիքներ
xałalik ner

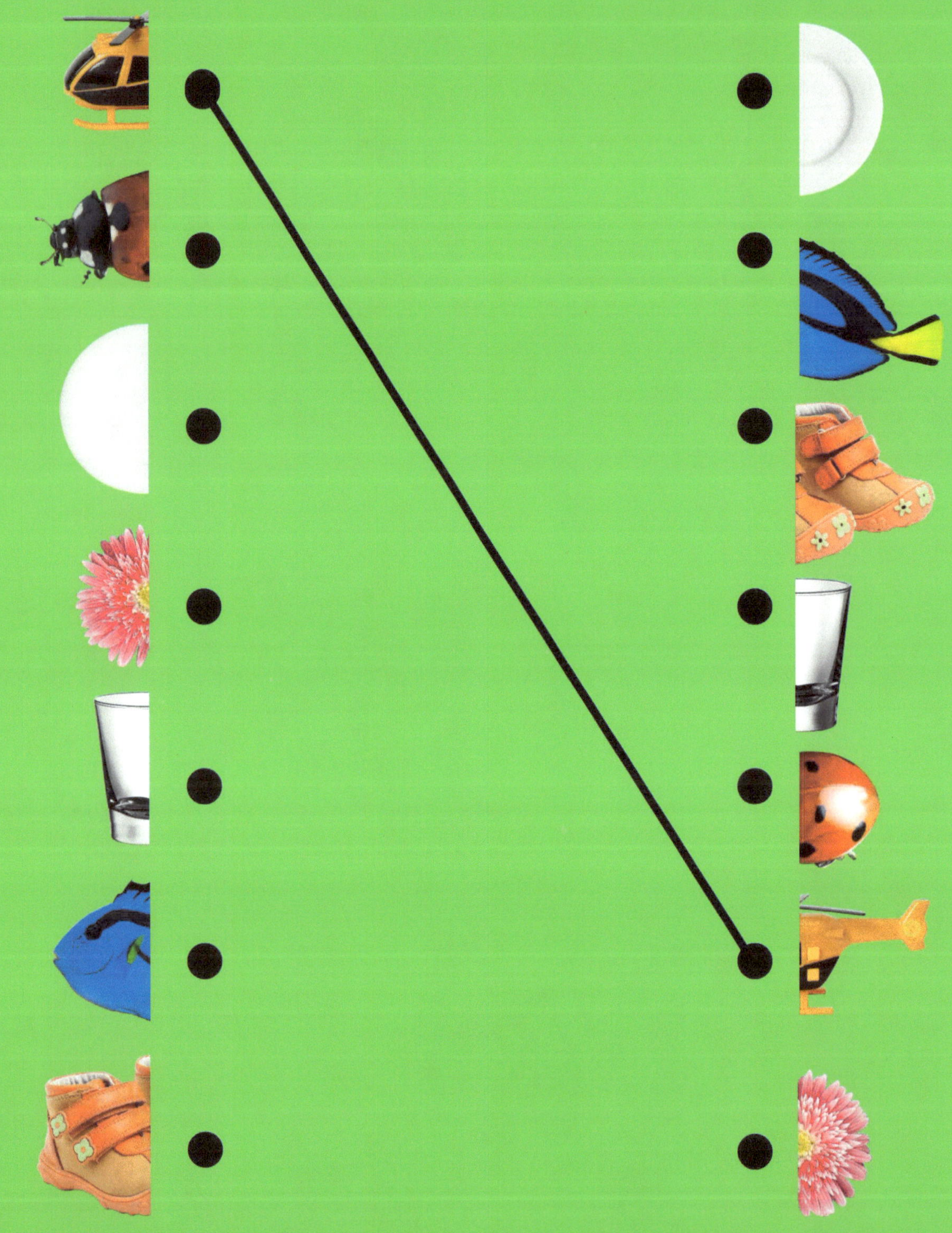

www.ingramcontent.com/pod-product-compliance
Lightning Source LLC
LaVergne TN
LVHW071643180726
843512LV00002B/377